GIACOMO DE CARLO

IMMOBILI A COSTO ZERO

15 Metodi per Guadagnare e Investire in Immobili senza Soldi

Titolo

"IMMOBILI A COSTO ZERO"

Autore

Giacomo De Carlo

Editore

Bruno Editore

Sito internet

http://www.brunoeditore.it

Sommario

Introduzione

Guadagnare in immobili è una delle cose più affascinanti che si possano realizzare nella vita. Ancora più affascinante è farlo a costo zero, ovvero senza spendere soldi, anche perché è così che al giorno d'oggi i veri investitori immobiliari realizzano le loro operazioni.

Tuttavia, iniziare a investire in immobili senza soldi è molto difficile per chi si cimenta per la prima volta in questo campo e non possiede le risorse e le finanze necessarie.

L'ebook, quindi, risolverà questo problema (che all'inizio hanno tutti) presentando una rassegna di metodi (alcuni dei quali molto moderni) per guadagnare e investire in immobili a costo zero, ovvero senza avere soldi, in modo che da poter guadagnare, in questo campo, a volte migliaia, a volte decine di migliaia, a volte centinaia di migliaia di euro.

Ciò ti consentirà di raggiungere la libertà finanziaria prima e la ricchezza poi e, inoltre, ti farà realizzare dal punto di vista personale e sociale, facendoti diventare un punto di riferimento per molte persone.

Oltre a ciò, vedrai quanto sarà bello avere tanti soldi in banca ed essere proprietario di svariati immobili che ti faranno guadagnare un sacco di soldi.

Tieni presente, comunque, che potrai raggiungere questi risultati solamente se ti impegnerai a fondo, imparando bene i metodi descritti in questo ebook e applicandoli nella realtà.

Questo punto è davvero fondamentale, e non solo per il campo degli immobili. Infatti impegnarsi a fondo nelle cose è la differenza che fa la differenza, in tutti i campi della vita. Ricordalo bene.

Buona lettura.

CAPITOLO 1:
Guadagnare in immobili a costo zero

La mancanza di denaro è uno dei problemi principali per chi si affaccia per la prima volta al mondo degli immobili. Una persona, nonostante sia un'appassionata di questo settore e cosciente delle grandi ricchezze che può generare, può trovare delle serie difficoltà se non possiede i mezzi finanziari o le giuste competenze per investire e guadagnare.

Chiunque abbia iniziato a investire in immobili si è trovato in questa situazione e, molto probabilmente, anche tu in questo momento ti stai rispecchiando nelle mie parole. Ma non ti preoccupare, perché a questo problema c'è una soluzione.

E lo dico perché anch'io non avevo soldi quando ho iniziato a interessarmi di immobili. Eppure, grazie ai metodi che scoprirai in questo ebook, ho iniziato a investire e a guadagnare e, giorno dopo giorno, ad accrescere la mia situazione economica.

Applicando le stesse strategie e gli stessi metodi che ti rivelerò, ci riuscirai anche tu, ma soltanto se ti impegnerai a fondo e se ti dedicherai con metodo e passione a questo fantastico mondo.

SEGRETO n. 1: puoi guadagnare in immobili anche senza avere soldi e immobili, a patto che tu ci metta impegno e determinazione.

Innanzitutto devi iniziare ad allargare i tuoi orizzonti mentali: molto probabilmente ritieni che l'unico modo per guadagnare in immobili sia acquistarne uno e rivenderlo. Niente di più sbagliato!

Questo è soltanto uno dei molti metodi che un immobiliarista possiede nel suo arsenale. Esistono, infatti, diversi metodi per guadagnare in immobili e noi ci concentreremo su quelli a costo zero, proprio perché sono quelli che a te interessano di più e perché personalmente li ritengo i più interessanti.

A tal proposito ritengo che lo scopo di un immobiliarista, in quanto investitore, sia proprio questo: utilizzare il meno possibile i suoi soldi (che può usare per fare altro) e riuscire comunque ad alzare grandi quantità di denaro. Ciò è possibile grazie all'uso sapiente di strategie immobiliari e finanziarie. Inoltre, mano a mano che diventerai sempre più esperto (e ricco), anche tu potrai creare, scoprire, inventare, escogitare sempre nuovi metodi, aumentando i tuoi guadagni e il tuo patrimonio immobiliare.

Vedrai quanto sarà bello, divertente ed eccitante aggiungere una nuova *arma immobiliare-finanziaria* al tuo arsenale affaristico: il tuo patrimonio e le tue finanze cresceranno sempre di più!

SEGRETO n. 2: fai come i veri immobiliaristi e guadagna in immobili a costo zero, ovvero senza spendere neanche un euro.

Dicevamo che devi aprire la tua mente. Bene! Lo devi fare anche per quanto riguarda la tua idea di soldi, ovvero il concetto stesso di denaro.

Smetti di pensare che il denaro siano le banconote che hai nel tuo portafoglio. Questa è un'idea davvero antiquata.

Quelle banconote sono solo carta, non denaro e, in ogni caso, il denaro sotto forma di banconote e monete è soltanto una piccolissima parte, peraltro trascurabile, del denaro totale che circola nel mondo, ed è a questo che ti devi dirigere.

Devi iniziare a pensare che il vero denaro è quello che non si vede e che puoi smuoverne grandi quantità che non vedrai mai fisicamente, ma che comunque sarai in grado di gestire grazie agli immobili, alla leva finanziaria, ai finanziamenti, alle rivalutazioni dei tuoi immobili e così via.

Dato che il concetto di denaro intangibile, ovvero che non si vede, può all'apparenza sembrare strano, ti faccio subito un esempio per farti capire meglio quanto sto dicendo.

Hai presente la classifica di «Forbes» degli uomini più ricchi del pianeta? Bene, accanto a ogni nome c'è scritto, in miliardi di dollari, a quanto ammonta la loro ricchezza.

Se ad esempio accanto a Bill Gates leggi 50 miliardi di dollari, non significa che Bill ha in banca 50 miliardi di dollari. Bill

Gates, come tutti i ricchi, non ha mai visto fisicamente i suoi soldi, anche perché non detiene 50 miliardi in liquidi, ma li ha in azioni, in business, in immobili e così via.

SEGRETO n. 3: i ricchi non hanno mai visto fisicamente il loro denaro e, allo stesso modo, tu gestirai denaro senza mai doverlo reperire fisicamente.

Devi iniziare a considerare il denaro come un qualcosa di virtuale che non dovrai mai reperire fisicamente, ma in altri modi.

Gli immobili rappresentano un ottimo modo per "alzare" denaro. Uso il termine alzare non a caso perché si riferisce alla famosa leva finanziaria. Ma cos'è la leva finanziaria? Semplice: è qualsiasi cosa ti consenta di alzare una determinata quantità di denaro che tu non possiedi.

Ti faccio subito un esempio, anzi ti faccio l'esempio più classico di leva finanziaria ovvero quello dell'acquisto e rivendita di un immobile tramite un finanziamento.

Una persona ha 20.000 euro e vuole acquistare un immobile da 100.000. Chiede quindi un finanziamento da 80.000 euro (ad esempio un mutuo) e acquista l'immobile. Poi rivende l'immobile a 120.000 euro, guadagnando 20.000 euro

Come avrai già intuito, grazie al finanziamento (che è una leva finanziaria) questa persona ha alzato ben 20.000 euro, che altrimenti non avrebbe guadagnato.

Questo tra l'altro è anche un esempio di ciò che viene definito *printing money*, ovvero "stampare soldi", proprio perché si crea denaro dal nulla. Il risultato è, infatti, uguale ma c'è una differenza: stampare soldi è illegale, mentre utilizzare la leva finanziaria no!

Come accennato più sopra, gli immobili possono essere un'ottima leva finanziaria perché possono generare denaro che attualmente non hai.

Altre leve finanziarie sono la tua mente, le tue competenze e così via. Anche queste leve, infatti, se usate nel modo corretto sono in grado di farti alzare dei soldi, molti soldi, tantissimi soldi.

Ad esempio: la tua mente può essere una leva finanziaria se hai un'idea, la metti in pratica e, grazie a essa, guadagni. Come vedi la tua mente ti ha fatto alzare dei soldi, dunque è una leva finanziaria a tutti gli effetti.

Tieni presente, inoltre, che la mente è la più potente leva finanziaria che ci sia, non dimenticarlo mai, anzi, cerca di spremerla al massimo al fine di produrre idee!

La leva finanziaria, in tutte le sue varie forme, è talmente importante che coincide con il segreto della ricchezza. Sì, hai capito bene, è il vero segreto per diventare ricchi, proprio perché alza, ovvero genera, una quantità di denaro che prima non c'era.

Dunque, la leva finanziaria genera ricchezza istantaneamente e nel tempo, aumentando il nostro patrimonio e le nostre entrate e, se usata correttamente, consente davvero dei miracoli.

SEGRETO n. 4: usa in modo sapiente le leve finanziarie e

sarai in grado di alzare tantissimo denaro e tantissimi immobili.

Mettendo in pratica ciò che apprenderai in questo ebook, sarai in grado di fare cose che prima non pensavi fossero possibili.

A tal proposito ti faccio un esempio: pensi che sia possibile acquistare un immobile all'anno? Sicuramente no. Ebbene, questa tua credenza è falsa.

Grazie all'uso sapiente delle strategie che sto per rivelarti, da quando ho iniziato a dedicarmi al mondo degli immobili ne sto acquistando uno all'anno e spesso li acquisto a costo zero, ovvero senza mettere di mio neanche un euro! E poi sai che faccio? Li affitto, aumentando quindi le mie entrate!

Dunque inizia davvero a cambiare la tua idea sul denaro e anche sugli immobili, non pensare che il denaro vada risparmiato, se la pensi così, ci metterai troppo tempo ad acquistare un immobile.

Pensa invece che il denaro deve essere generato e ci metterai molto meno tempo per acquistare qualsiasi immobile tu voglia. Parola di immobiliarista!

Nei capitoli successivi vedremo tutti i metodi per guadagnare in immobili senza usare soldi, in modo che per te siano delle operazioni a costo zero. Non pensare quindi che l'ebook ti dirà semplicemente che per acquistare un immobile senza soldi bisogna chiedere un mutuo.

In particolare, per iniziare esamineremo i metodi per guadagnare a costo zero quando non si hanno né soldi e né immobili, in modo da risolvere il problema principale di chi si affaccia a questo mondo, sintetizzabile nella seguente frase: «Come faccio a guadagnare se non ho soldi e neanche un immobile?»

Successivamente, ti svelerò come guadagnare a costo zero quando non si hanno soldi ma si possiede almeno un immobile. A questo proposito ti anticipo che saper usare gli immobili come una leva finanziaria è fondamentale, anche e soprattutto per diventare ricchi.

Pensa che conosco molta gente che è proprietaria di immobili ma è povera, il che è un paradosso. A volte penso: «Se potessi utilizzare io i loro immobili, chissà quanti soldi alzerei!» È come se queste persone questa ricchezza non ce l'avessero, proprio perché non utilizzano il loro patrimonio, neanche al minimo.

Utilizzare gli immobili come una leva è soltanto una delle tante cose che imparerai in questo corso, ma soprattutto acquisirai quelle conoscenze e competenze che ti consentiranno di guadagnare in immobili senza avere soldi, il sogno di tutti!

RIEPILOGO DEL CAPITOLO 1:

- SEGRETO n. 1: Puoi guadagnare in immobili anche senza avere soldi e immobili, a patto che tu ci metta impegno e determinazione.
- SEGRETO n. 2: Fai come i veri immobiliaristi e guadagna in immobili a costo zero, ovvero senza spendere neanche un euro.
- SEGRETO n. 3: I ricchi non hanno mai visto fisicamente il loro denaro e, allo stesso modo, tu gestirai denaro senza mai doverlo reperire fisicamente.
- SEGRETO n. 4: Usa in modo sapiente le leve finanziarie e sarai in grado di alzare tantissimo denaro e tantissimi immobili.

CAPITOLO 2:

Come acquisire immobili a costo zero

Questo capitolo ti insegnerà a guadagnare in immobili quando non hai né soldi né immobili. Pertanto è particolarmente utile per chi inizia ad affacciarsi a questo mondo, fermo restando che le strategie qui svelate sono efficaci anche se si è esperti.

Molti pensano che quando non si hanno né soldi e né immobili a disposizione sia impossibile guadagnare in immobili.

Questa, lasciamelo dire, è una credenza limitante. Dunque non pensarla anche tu così, altrimenti non guadagnerai mai, perché non metterai in atto quelle strategie che hanno da sempre fatto arricchire milioni di persone in tutto il mondo.

SEGRETO n. 5: non pensare che guadagnare in immobili senza soldi e immobili sia impossibile, altrimenti questa tua credenza si avvererà davvero!

Entriamo nel vivo dell'argomento, in modo che tu possa iniziare a guadagnare in immobili e regalarti così tantissime soddisfazioni personali, sociali ed economiche.

Per guadagnare in immobili a costo zero, quando non hai né soldi e né immobili, devi acquisire un immobile (proprio perché non ne hai ancora uno) e, per di più, devi farlo a costo zero (proprio perché non hai soldi).

Metodo del Procacciatore d'affari immobiliari

Un primo metodo per farlo è guadagnare nel campo dell'intermediazione. Tuttavia questo settore, se lo si affronta nella maniera classica (ovvero diventando agente immobiliare o, peggio ancora, aprendo un'agenzia), non è molto conveniente, anche perché comporta un grandissimo esborso di denaro (che chissà quando rivedremo!) per avviare l'attività.

Invece io, che sono specializzato nei business e negli immobili a costo zero, ho trovato una formula poco conosciuta ma molto efficace per vendere immobili altrui a costo zero.

Sto parlando del *Procacciatore d'affari immobiliari*, una figura prevista dal nostro Codice Civile che consente di avviare un'attività di intermediazione di immobili senza iscriversi a nessun Albo, senza aprire la partita IVA, senza iscriversi alla Camera di Commercio locale, senza versare i contributi all'INPS e senza versare il premio all'INAIL. Tutto ciò in modo legale e legittimo in quanto, previsto dalla legge.

Contatta qualche venditore e accordati per fare da intermediario nella vendita del suo immobile. Quindi, mettilo in vendita e attendi le chiamate dei potenziali acquirenti. Una volta che qualcuno ti chiama, fissa un appuntamento per far visitare l'immobile e quando qualcuno vuole acquistarlo il gioco è fatto!

In quanto intermediario, infatti, il tuo guadagno consiste nel percepire una provvigione nel momento in cui trovi un acquirente per l'immobile in vendita.

Pensa che questa attività è talmente efficace che puoi arrivare a guadagnare anche 100.000 euro soltanto nel primo anno di attività.

Se vuoi approfondire l'argomento ti consiglio di leggere il mio ebook pubblicato dalla Bruno Editore *Il Procacciatore d'Affari Immobiliari*.

SEGRETO n. 6: diventa Procacciatore d'affari immobiliari e guadagna in immobili da subito e a costo zero.

Metodo della cessione del compromesso

Un secondo metodo per guadagnare in immobili a costo zero quando non si posseggono né soldi e né immobili è realizzare la *cessione del compromesso*.

Vediamo innanzitutto cos'è un *compromesso*. Quando si vuole acquistare un immobile, è uso comune stipulare un preliminare di compravendita (anche chiamato compromesso) che dà il diritto, ma non il dovere, di acquistare l'immobile a un determinato prezzo stabilito, in cambio del versamento di un corrispettivo.

Ciò in pratica serve a "prenotare" l'immobile (perché, ad esempio, bisogna chiedere un mutuo). Quindi di solito il compromesso si stipula in tutti quei casi in cui non si può acquistare l'immobile immediatamente.

Una volta che hai stipulato il compromesso con il proprietario dell'immobile, invece di finire di acquistare il suo immobile, puoi rivendere questo compromesso a una terza persona, in modo che sia questa ad acquistare l'immobile.

Il tuo guadagno, come avrai intuito, nasce quindi dalla differenza tra i soldi che hai versato per acquisire il compromesso e il prezzo cui l'hai rivenduto.

Facciamo un esempio: stipuli un compromesso versando al proprietario 2.000 euro. Rivendi poi il compromesso a 5.000 euro, guadagnandone quindi 3.000.

Ti ho fatto questo esempio anche perché, sicuramente, avrai sentito che per stipulare un preliminare di compravendita servono migliaia di euro. Be', non è sempre così. E infatti sto per descriverti ben due modi per stipularlo a costo zero.

Non so se ci hai mai pensato, ma è possibile stipulare il

compromesso di un immobile in cambio di qualche lavoretto per migliorarlo e questo sistema conviene sia a te sia al proprietario.

A te conviene perché non paghi un euro di caparra e dunque rischi zero. Inoltre, una volta che avrai finito i lavori (basta una mano di pittura e tutto risplende di più) il valore dell'immobile sarà aumentato e, di conseguenza, anche le possibilità di venderlo perché farà una migliore impressione. Al proprietario, invece, conviene perché il valore del suo immobile aumenta.

In alternativa, se non hai voglia o tempo di dare una mano di pittura, puoi prendere in considerazione l'idea di bloccare l'immobile con qualche centinaio di euro, non di più. Tieni presente che, ai fini della buona riuscita dell'operazione, è fondamentale utilizzare dei moduli e dei contratti ben fatti, che ti tutelino davvero e che non lasciano niente al caso.

SEGRETO n. 7: realizza la cessione del compromesso e guadagna in immobili da subito e a costo zero.

Metodo del subaffitto

Un terzo metodo per guadagnare in immobili a costo zero consiste nel *subaffitto* totale o parziale di un immobile. Il subaffitto, contrariamente a quanto si pensa, è una pratica legale e può essere realizzato in due modi diversi.

O prendere in affitto un immobile e poi subaffittarlo, possibilmente quando hai già una persona cui puoi subaffittare.

Il secondo è, se si riesce ad attuarlo, farsi cedere gratuitamente un immobile tramite la formula del *comodato d'uso*. Ovviamente, in entrambi i casi il guadagno nasce della differenza tra i soldi che incassi dal subaffitto e il canone di affitto che paghi o di comodato d'uso (che è gratis).

SEGRETO n. 8: subaffitta un immobile e guadagna in immobili da subito e a costo zero.

Con questi tre metodi che ti ho appena descritto, anche se in senso lato, stai acquisendo un immobile. Tecnicamente non ne diventi il proprietario, bensì l'intermediario incaricato (nel caso del

Procacciatore d'affari immobiliari), promissario acquirente (nel caso della cessione del compromesso) e affittuario o comodatario (nel caso del subaffitto).

Vediamo ora i metodi che ti fanno acquistare un immobile a costo zero, anche se non hai soldi e immobili. Nonostante, infatti, si stia acquistando, il bello è riuscire a non sborsare neanche un euro e, quindi, rendere l'operazione a costo zero!

Ma come si fa ad acquistare un immobile a costo zero? Ci sono vari metodi. Vediamoli quindi nel dettaglio uno a uno.

Metodo del prestito

Un primo metodo per acquistare un immobile a costo zero è chiedere un *prestito*, il quale rappresenta il livello più semplice di finanziamento dato che i soldi ti vengono erogati senza garanzie e in tempi veloci.

Anche il fido bancario o "scoperto" di un conto può essere per te un'ottima occasione per attingere a dei soldi e dunque, ottenere un prestito.

È chiaro che, affinché l'operazione sia per te a costo zero il prestito deve finanziare l'intero acquisto dell'immobile, come quando un prestito mi ha consentito di acquistare il mio secondo immobile (che posseggo tuttora).

Dal momento che avevo appena acquistato il mio primo immobile, le mie finanze erano scarse. Nonostante ciò, dato che sono un investitore, mi venne l'idea (giusta) di chiedere un prestito per partecipare a un'asta immobiliare, che vinsi, acquistando quindi l'immobile.

Il prestito che avevo chiesto finanziò al 100% l'acquisto, rendendo quindi l'operazione a costo zero e facendomi diventare proprietario di un immobile in più!

È così che si opera e che si guadagna in immobili. Ricorda bene questa mia esperienza, basta un semplice prestito e hai un immobile in più!

SEGRETO n. 9: guadagna in immobili a costo zero chiedendo un prestito e acquistando un immobile.

Metodo del mutuo 100%

Un secondo metodo per acquistare un immobile a costo zero è il *mutuo 100%*, che può essere considerato una forma avanzata di prestito, perché ha dei tempi più lunghi e richiede delle garanzie maggiori, la principale delle quali è rappresentata dall'ipoteca che viene iscritta sull'immobile.

Il mutuo, però, ha il vantaggio di farci ottenere maggiori quantità di denaro rispetto a un semplice prestito e di avere, quindi, una maggiore leva finanziaria.

Ovviamente, affinché l'operazione sia a costo zero, il mutuo deve essere al 100%. Un mutuo al 100% significa che l'istituto di credito ti eroga l'intera somma per acquistare l'immobile. Se, ad esempio, un immobile costa 100.000 euro (spese accessorie comprese) vuol dire che la banca ti dà 100.000 euro.

Tieni presente, comunque, che normalmente i mutui vengono erogati all'80%, e questo per due motivi principali. Primo perché avere una parte della somma necessaria per l'acquisto è sintomo della tua capacità di guadagnare soldi. Secondo perché, finanziandoti all'80%, la banca si mette al riparo da eventuali oscillazioni al ribasso del valore dell'immobile.

Dunque, se improvvisamente il valore dell'immobile dovesse scendere del 20% e tu non pagassi mai neanche una rata del mutuo, la banca non perderebbe neanche un euro, almeno in teoria.

In ogni caso tu non vuoi ottenere un mutuo all'80%, ma lo vuoi al 100%, perché sei un investitore! Gira un po' e vedrai che lo troverai, non è affatto difficile.

Pensa che poco tempo fa un mio amico, che tra l'altro non è affatto un investitore, ne ha ottenuto uno al 120% per l'acquisto della sua prima casa, a conferma del fatto che è possibile ottenere un mutuo anche maggiore del 100%.

Anche se il mio amico non è un investitore, direi che quasi quasi lo sta diventando, perché ora con i soldi rimanenti vuole comprare un piccolo immobile in Ungheria dato che è il paese della sua fidanzata.

Quando si hanno dei soldi a disposizione è facile diventare investitori e le idee balzano alla mente subito e facilmente.

Ottenere un mutuo al 100% è l'unica caratteristica che conta ai fini di effettuare un'operazione immobiliare a costo zero. Poi, chiaramente, il mutuo può essere a tasso variabile o a tasso fisso, può durare 10, 20 o 30 anni e così via.

Tuttavia lo ripeto: ai fini dell'operazione a costo zero tutte queste caratteristiche non ci interessano, anche se ovviamente vanno valutate attentamente al fine di scegliere il mutuo migliore per le nostre esigenze.

SEGRETO n. 10: guadagna in immobili a costo zero chiedendo un mutuo 100% e acquistando un immobile.

Metodo del gruppo di investimento

Un terzo metodo per acquistare un immobile a costo zero è creare un *gruppo di investimento*, magari formalizzandolo tramite una SRL, ovvero una Società a Responsabilità Limitata.

Il gruppo deve essere composto da almeno due persone, di cui una sei tu e l'altra è colui che finanzia il progetto. Tu ti occuperai della parte tecnica, burocratica, della scelta dell'immobile, della trattativa e così via, mentre il tuo socio finanziatore sarà quello che metterà a disposizione il 100% della somma necessaria per acquistare l'immobile.

Ho conosciuto da poco delle persone che mi hanno proposto di investire tramite loro in immobili. Ecco, questo è un esempio di gruppo di investimento in immobili, ovvero delle persone che uniscono le proprie forze e finanze per investire.

SEGRETO n. 11: guadagna in immobili a costo zero creando un gruppo di investimento e acquistando un immobile.

Metodo del patto di riservato dominio

Un quarto metodo, poco conosciuto, per acquistare un immobile a costo zero è il *patto di riservato dominio*, una modalità di acquisto che consente di non pagare immediatamente il prezzo di acquisto pattuito bensì di diluirlo nel tempo, attraverso il pagamento di vere e proprie rate.

Ovviamente il vantaggio sta nel fatto che si può godere immediatamente del bene immobile, nonostante il prezzo di acquisto non venga pagato subito, ma diluito nel tempo, sulla base di accordi tra il proprietario e l'acquirente.

SEGRETO n. 12: guadagna in immobili a costo zero stipulando un patto di riservato dominio e acquistando un immobile.

Metodo del leasing

Un quinto metodo per acquistare un immobile a costo zero è il *leasing* che, tra l'altro, è molto praticato e diffuso specialmente a livello societario.

Leasing significa "locazione finanziaria" ed è una modalità di finanziamento del 100% dell'acquisto dell'immobile, IVA compresa.

L'acquisto di un immobile in leasing funziona così. Una società di leasing acquista l'immobile dal venditore e lo concede in utilizzo all'acquirente, ovvero colui che stipula il contratto di leasing.

Dopodiché quest'ultimo dovrà pagare alla società di leasing un canone periodico per un determinato periodo di tempo, in genere 18 anni, secondo una modalità simile a quella del mutuo.

Alla fine del leasing si potrà diventare proprietari dell'immobile a tutti gli effetti esercitando l'opzione di acquisto attraverso il pagamento del prezzo di riscatto, che è stabilito a priori.
Il leasing viene concesso più facilmente di un mutuo perché, tecnicamente, l'immobile per il quale viene concesso il leasing rimane di proprietà della società che lo eroga, appunto finché non si riscatta l'immobile.

A proposito di leasing, ho da poco fatto una chiacchierata con un mio amico con il quale ogni tanto ci vediamo e discutiamo di business, immobili e, ultimamente, anche di borsa. Bene, mi ha detto che sta per acquistare un immobile proprio in leasing tramite una delle sue due SRL, peraltro facendo anche un affare, dato che il prezzo di acquisto è più basso del valore dell'immobile. Mi ha detto anche che, da buon *business man*, affitterà l'immobile.

Come vedi, anche se la parola leasing ti sembra strana, alla fine, se parli con qualcuno che ha una società, non è raro che stia acquistando un immobile in leasing, anche perché questa modalità di acquisto possiede numerosi vantaggi fiscali come, ad esempio, la deducibilità del canone di leasing.

SEGRETO n. 13: guadagna in immobili a costo zero facendo un leasing e acquistando un immobile.

Ricapitolando, tramite un prestito, un mutuo 100%, un gruppo di investimento, un patto di riservato dominio o un leasing, potrai acquistare un immobile a costo zero, ovvero senza usare soldi tuoi.

Tieni presente, in generale, che quando non vogliono concederti un qualsiasi tipo di finanziamento, puoi prendere in considerazione l'ipotesi di una fideiussione, ovvero di una terza persona che garantisca nei tuoi confronti nel caso in cui tu non riesca a pagare le rate del finanziamento stesso.

Dopo aver esaminato i vari metodi per acquistare un immobile (e quindi alla fine diventarne proprietario) senza avere soldi, continuiamo la rassegna esaminando quelli per diventare proprietario di un immobile senza doverlo acquistare.

Una volta che avrai acquisito un immobile, in uno dei tanti metodi sopra spiegati, ecco che automaticamente avrai a disposizione una grande quantità di soldi, perché è proprio questo che gli immobili rappresentano.

Qualsiasi immobile è come se fosse un forziere, il deposito di zio Paperone, come se dentro i muri dell'immobile ci fossero tanti soldi, esattamente i soldi che l'immobile vale.

Dato che *immobili = soldi*, è arrivato il momento di guadagnare, e quindi di monetizzare il tuo investimento. Anche perché a questo punto molto probabilmente ti starai chiedendo: «Ho acquisito un immobile a costo zero, come posso guadagnare?»

Escludendo l'intermediazione immobiliare, puoi guadagnare in immobili fondamentalmente in due modi: rivendendo oppure affittando.

Se rivendi, generi un *capital gain*, ovvero un "guadagno di capitale". Se invece affitti, generi un *passive income*, ovvero un'"entrata automatica".

Cosa significa guadagno di capitale? Significa, ad esempio, che tu acquisti un immobile (oppure il suo compromesso) a 100.000 euro e poi lo rivendi a 130.000 realizzando, così, un profitto di ben 30.000 euro.

Il ritorno sull'investimento (il famoso ROI) è del 30%, perché spendi 100 per fare 30. Ma, se invece del ROI consideri il ROE, ovvero il ritorno sul tuo capitale, dato che hai messo di tuo 0 euro il ROE è infinito!

Se realizzi un'operazione del genere sei un grandissimo immobiliarista: con 0 euro ne hai appena generati 30.000!

Cosa significa invece entrata automatica? Significa, ad esempio, che tu acquisti un immobile e lo affitti a 1.000 euro, in questo modo ogni mese ti entrano dei soldi senza dover fare nulla!

Il *capital gain*, come avrai capito, ti fa ottenere subito un grosso profitto in cambio della perdita del bene. Il *passive income*, invece, ti fa ottenere (teoricamente all'infinito) una piccola cifra periodica facendoti mantenere il bene.
A volte conviene fare *capital gain*, altre volte il *passive income*: a te la scelta di cosa è meglio fare per te, per il tuo patrimonio e per le tue finanze.

SEGRETO n. 14: ci sono fondamentalmente due modi per guadagnare con gli immobili: o realizzi un guadagno di capitale (*capital gain*) oppure un'entrata automatica (*passive income*).

Come ormai avrai imparato da questo capitolo, non devi per forza acquistare un immobile per guadagnare. Valuta quindi tutti i possibili metodi citati e acquisiscine uno.

Spesso molte occasioni sono sotto i nostri occhi, a volte anche sotto i nostri piedi, e non ce ne accorgiamo. Dunque, fai un "brainstorming immobiliare" e valuta tutte le possibili soluzioni. Non mettere paletti e usa la tua mente come una leva. Ricorda, la tua mente è un vero e proprio *asset*, il più importante!

SEGRETO n. 15: dedica del tempo per sviluppare la tua intelligenza perché la tua mente è l'*asset* più importante che possiedi.

Per concludere, avrai capito che la sintesi di questo capitolo sta proprio nel suo titolo: quando non hai né soldi, né immobili, devi pensare ad acquisire un immobile a costo zero. E come hai visto, ci sono diversi modi per farlo e tutti conducono a un guadagno, sia esso un profitto o una rendita, la sostanza non cambia: produci sempre del denaro.

Quando avrai un immobile oltre a essere molto fiero del risultato che hai raggiunto potrai passare al livello successivo: quello in cui puoi guadagnare utilizzando i tuoi immobili come una leva finanziaria, anche se non hai soldi.

RIEPILOGO DEL CAPITOLO 2:

- SEGRETO n. 5: non pensare che guadagnare in immobili senza soldi e immobili sia impossibile altrimenti questa tua credenza si avvererà davvero!
- SEGRETO n. 6: diventa Procacciatore d'affari immobiliari e guadagna in immobili da subito e a costo zero.
- SEGRETO n. 7: realizza la cessione del compromesso e guadagna in immobili da subito e a costo zero.
- SEGRETO n. 8: subaffitta un immobile e guadagna in immobili da subito e a costo zero.
- SEGRETO n. 9: guadagna in immobili a costo zero chiedendo un prestito e acquistando un immobile.
- SEGRETO n. 10: guadagna in immobili a costo zero chiedendo un mutuo 100% e acquistando un immobile.
- SEGRETO n. 11: guadagna in immobili a costo zero creando un gruppo di investimento e acquistando un immobile.
- SEGRETO n. 12: guadagna in immobili a costo zero stipulando un patto di riservato dominio e acquistando un immobile.
- SEGRETO n. 13: guadagna in immobili a costo zero facendo un leasing e acquistando un immobile.

- SEGRETO n. 14: ci sono fondamentalmente due modi per guadagnare con gli immobili: o realizzi un guadagno di capitale (*capital gain*) oppure un'entrata automatica (*passive income*).
- SEGRETO n. 15: dedica del tempo per sviluppare la tua intelligenza perché la tua mente è l'*asset* più importante che possiedi.

CAPITOLO 3:
Come utilizzare il tuo patrimonio

Dopo aver appreso come fare per guadagnare in immobili quando non si hanno né soldi né immobili, è arrivato il momento di conoscere i metodi per guadagnare quando non si hanno soldi ma si ha almeno un immobile a disposizione.

I metodi che imparerai sono più sofisticati di quelli precedenti. Non a caso questo capitolo contiene alcuni dei miei metodi preferiti.

I metodi che sto per rivelarti sono gli stessi che utilizzano i più grandi immobiliaristi italiani e stranieri, dato che, ovviamente, annoverano nel loro patrimonio almeno un immobile.

Avere un immobile a disposizione, infatti, significa molto perché ci consente di disporre di una leva finanziaria maggiore. Le nostre possibilità di azione e, soprattutto, di finanziamento aumentano perché, come già accennato nei capitoli precedenti, il nostro immobile può essere usato come una leva per riuscire ad alzare una grande quantità di denaro che, ti ricordo, tu non vedrai mai fisicamente.

SEGRETO n. 16: usa gli immobili come una leva per alzare una grande quantità di denaro da investire.

Metodo della vendita

Un primo metodo per guadagnare in immobili a costo zero, avendo un immobile a disposizione, è la *vendita*. Vendere il proprio immobile significa potersi finanziare da sé. Significa trovare improvvisamente un'enorme quantità di soldi.

Ovviamente non dobbiamo spendere e spandere i soldi ricavati dalla vendita acquistando varie passività, come macchine di lusso e gioielli, ma dobbiamo investire (in immobili) quanto abbiamo incassato.

Vendere il tuo immobile rappresenta un vero e proprio guadagno. Immagina, infatti, di avere un immobile che vale 300.000 euro e di venderlo a questo prezzo, il suo prezzo di mercato. Dopo di che, con questi 300.000 euro acquisti un immobile che ne vale 400.000 perché, ad esempio, il proprietario voleva vendere a tutti i costi e quindi ha accettato la tua proposta di acquisto a 300.000.

Non pensare che sia irrealistico quanto ti sto dicendo, casi del genere sono molto più frequenti di quanto pensi, specialmente in questi periodi di crisi e soprattutto se acquisti subito e in contanti.

A questo punto rivendi l'immobile al suo prezzo di mercato, ovvero 400.000 euro. Come vedi la vendita del tuo immobile è stato il primo passo per guadagnare 100.000 euro!

Ma non finisce qui: se l'immobile che hai venduto era la tua abitazione principale, ovvero la "prima casa", sulla plusvalenza realizzata non devi pagare tasse e quindi i 100.000 euro guadagnati sono netti!

A te la scelta, o lavorare nel modo classico ed essere tartassato, oppure investire con intelligenza e diventare ricco. Io ho scelto la seconda opzione, e tu, quale scegli?

Ricordati sempre di operare in maniera legale perché la legalità è un cardine importante per qualsiasi tipo di business.

Per tornare a noi, se non te la senti di acquistare un immobile da 300.000 euro al tuo primo acquisto, puoi diversificare l'operazione acquistando, ad esempio, 3 immobili da 100.000 euro l'uno, ovviamente scontati.

Lo stesso discorso che ti ho appena fatto per il *capital gain* vale anche per il *passive income.* Ovvero, grazie alla vendita del tuo immobile puoi acquistare uno o più immobili (ovviamente scontati) e affittarli invece di rivenderli, guadagnando dalle entrate automatiche (gli affitti) che riceverai ogni mese.

Come vedi, una volta che si entra in confidenza con i vari elementi immobiliari non è difficile combinarli fra di loro per generare nuovi orizzonti e concrete possibilità di guadagno.

Avrai anche capito che non è la vendita in sé che ti fa guadagnare, bensì quello che fai dopo con i soldi che hai a disposizione, puoi cioè guadagnare se compri scontato e rivendi oppure se affitti.

Come per tutti gli altri metodi, ti faccio un esempio concreto anche per quanto riguarda la vendita, esempio che tra l'altro aprirà ulteriormente i tuoi orizzonti mentali sugli immobili.

Non devi per forza vendere tutto l'immobile, puoi anche vendere una parte di esso. Mi spiego meglio. Nella casa in cui vivo, siamo proprietari dell'ascensore dello stabile perché l'abbiamo costruito noi circa otto anni fa. Adesso vari condomini vogliono entrare nella proprietà dell'ascensore per poterne usufruire e c'è già stata una riunione condominiale a riguardo.

Proprio in questi giorni sto recuperando la documentazione affinché l'amministratore dello stabile possa procedere con i conti e quindi far sapere a ogni singolo condomino quanto deve pagare per diventare comproprietario dell'ascensore.

Quindi, quando "venderemo" l'ascensore, avremo a disposizione una somma di denaro *cash* da reinvestire, in immobili ovviamente!

SEGRETO n. 17: guadagna in immobili a costo zero

vendendo il tuo immobile e acquistando uno o più immobili scontati.

Metodo della permuta

Un secondo metodo per guadagnare in immobili a costo zero avendo un immobile a disposizione è la *permuta.* Permutare significa scambiare un immobile con un altro.

Ad esempio: io sono proprietario di una bella casa e un mio amico è proprietario di un bell'ufficio. Lui vuole la mia bella casa e io voglio il suo bell'ufficio. Bene, procediamo quindi a scambiarci la proprietà dei due immobili, li permutiamo appunto.

La permuta, come forse avrai già intuito, rappresenta una fonte immediata di guadagno. Basta infatti scambiare il tuo immobile con uno che ne vale di più! Molto semplice!

Appena permuti ecco che hai aumentato immediatamente il tuo patrimonio immobiliare, dopodiché come già sai puoi rivendere l'immobile oppure affittarlo. A te la scelta. Ovviamente, sia che tu decida di rivendere, sia che tu decida di affittare, guadagnerai di più perché l'immobile che hai ora vale di più rispetto a quello che avevi prima.

Un esempio di permuta, peraltro già realizzata da un famoso immobiliarista italiano – cui ha consentito di iniziare a guadagnare in immobili, essendo stata la sua prima operazione immobiliare –, è la permuta di un terreno con gli appartamenti che vi verranno costruiti sopra.

Tecnicamente è una permuta perché si tratta di scambiare un immobile (il terreno) con degli immobili futuri (gli appartamenti).

SEGRETO n. 18: guadagna in immobili a costo zero permutando il tuo immobile con un altro che ne vale di più.

Metodo del mutuo liquidità

Un terzo metodo per guadagnare in immobili a costo zero avendo un immobile a disposizione è il *mutuo liquidità*.

Questo tipo di mutuo funziona così: la banca ti eroga dei soldi con i quali tu puoi acquistare ciò che vuoi. Contestualmente a ciò, viene iscritta ipoteca sull'immobile che tu porti a garanzia, esattamente come avviene in un qualsiasi altro tipo di mutuo.

Se hai giocato almeno una volta nella tua vita a *Monopoli*, conosci già il mutuo liquidità. Infatti, per ottenere dei soldi in questo gioco c'è la possibilità di ipotecare i propri beni.

Se ad esempio possiedi "Via Roma" e la ipotechi, la banca ti concede subito una somma di denaro *cash* che tu puoi utilizzare per ciò che vuoi, ad esempio per acquistare la "Via" vicina. Tieni ben presente che non ti ho appena consigliato un modo per investire a *Monopoli* e quindi guadagnare soldi di carta: questo meccanismo vale anche per la vita reale.

Tra l'altro, il gioco *Monopoli* presenta moltissime analogie con la vita reale, specialmente per quanto riguarda gli immobili. Facci caso la prossima volta che ci giochi. Esattamente come a *Monopoli*, puoi utilizzare i soldi ottenuti grazie al mutuo liquidità per acquistare un nuovo immobile (ovviamente scontato).

In ogni caso, ricorda che anche nella vita reale il mutuo liquidità comporta l'iscrizione di un'ipoteca sull'immobile che porti a garanzia. L'ipoteca è, infatti, un diritto reale che viene iscritto su un immobile al fine di fungere da garanzia di un credito.

Perciò non lanciarti subito in questo tipo di mutuo, anche perché metti in gioco un qualcosa che già possiedi, ovvero il tuo immobile. Prima di accendere un mutuo liquidità, valuta attentamente il tutto e non prendere mai decisioni avventate, è molto importante.

In ogni caso, come avrai intuito, il mutuo liquidità è davvero un gran bel mutuo in quanto avere i soldi in tasca ci rende liberi di comprare qualsiasi tipo di immobile senza, tra l'altro, avere alcuna scadenza o pressione.

È da segnalare inoltre che, con il mutuo liquidità, si possono acquistare anche immobili *non mutuabili*, ovvero quelli per i quali le banche non ti prestano i soldi. Acquistare immobili non mutuabili può essere un grande vantaggio perché, dato che questo tipo di immobili non viene finanziato dalle banche, essi possono essere acquistati solamente in contanti.

Ma chi è che può permettersi di acquistare un immobile in contanti? Pochissime persone, e da questo nasce l'occasione. Infatti, i proprietari di questo tipo di immobili, dato che sanno che le banche non concedono il mutuo, saranno più inclini a scendere di prezzo.

Questo meccanismo che ti ho appena spiegato è esattamente l'opposto di quello dei *mutui subprime*. Negli Stati Uniti, infatti, i prezzi degli immobili salivano perché venivano concessi troppi mutui. Invece, quando le banche non concedono mutui è più probabile che il prezzo degli immobili scenda. Ricorda questo importante concetto e utilizzalo a tuo vantaggio quanto ti si presenta un'occasione.

Comunque, l'aspetto più interessante del mutuo liquidità è che per acquistare ciò che vuoi non devi investire neanche un euro in più della somma di denaro che ti presta la banca, rendendo quindi di fatto l'operazione a costo zero.

Se ad esempio ottieni un mutuo liquidità di 100.000 euro ti dirigerai ad acquistare un immobile che costa 100.000 euro (spese accessorie comprese). In pratica così facendo acquisterai un immobile dal nulla e, in più, non mettendo di tuo neanche un euro: il tuo ROE anche in questo caso sarà infinito!

Il fatto che il mutuo liquidità ti dia la somma necessaria per acquistare un immobile dal nulla lo rende uno dei miei metodi preferiti, anzi forse proprio il mio preferito.

Non a caso io ho acquistato il mio quarto immobile (che posseggo tuttora) proprio attraverso un mutuo liquidità e, come se non bastasse, dopo averlo acquistato mi sono avanzati anche dei soldi perché per l'acquisto ho speso molto meno della somma che mi aveva prestato la banca!

Capisci le potenzialità del mutuo liquidità? Sono davvero tante ed entusiasmanti. Questo tipo di mutuo rappresenta uno dei metodi qui descritti che possiede in sé una delle leve maggiori.

SEGRETO n. 19: guadagna in immobili a costo zero chiedendo un mutuo liquidità e acquistando un immobile.

Metodo del lease-back

Un quarto metodo per guadagnare in immobili a costo zero avendo un immobile a disposizione è il *lease back*, anche chiamato *sale and lease back*.

Si tratta di un modo molto efficace, specialmente per le società, di ottenere del denaro *cash*. In pratica è un misto tra il leasing e il mutuo liquidità.

In cosa consiste esattamente? Una società proprietaria di uno o più immobili li vende a un'altra società, che li acquista e glieli rigira in leasing.

Alla società che vende i suoi immobili, il *lease back* conviene perché le consente di ottenere immediatamente una grande quantità di denaro *cash*. Ovviamente, quando il leasing terminerà la società che ha venduto tornerà proprietaria dei suoi immobili a tutti gli effetti.

Invece, alla società che acquista gli immobili (e che li ri-cede immediatamente in leasing), il *lease back* conviene poiché guadagna dagli interessi che anno dopo anno incassa.

D'altronde, la società che concede il leasing, invece di acquistare l'immobile da un terzo (come nel leasing classico), lo acquista direttamente dalla società alla quale poi concede il leasing. Dunque la sostanza non cambia.

Il *lease back* è diffuso e utilizzato soprattutto ad alti livelli immobiliari. Ad esempio, un altro famoso immobiliarista italiano ha utilizzato questo metodo per ottenere una grande liquidità, vendendo un pacchetto di immobili della sua società quotata in borsa e riavendoli immediatamente in leasing.

SEGRETO n. 20: guadagna in immobili a costo zero facendo un *lease back* e acquistando un immobile.

Ovviamente per tutti questi metodi che ti ho appena rivelato vale quanto ti ho già detto più volte nel corso dell'ebook. Il tuo guadagno deriverà dal *capital gain* oppure dal *passive income*. A te quindi la scelta di cosa è meglio realizzare di volta in volta, il profitto oppure la rendita.

Anche in questo caso, come avrai capito, la sintesi del capitolo sta proprio nel titolo: quando non hai soldi ma hai almeno un immobile a disposizione devi utilizzare il tuo patrimonio come una leva.

SEGRETO n. 21: quando non hai soldi ma hai almeno un immobile per guadagnare in immobili a costo zero devi utilizzare il tuo patrimonio come una leva finanziaria.

RIEPILOGO DEL CAPITOLO 3:

- SEGRETO n. 16: usa gli immobili come una leva per alzare una grande quantità di denaro da investire.
- SEGRETO n. 17: guadagna in immobili a costo zero vendendo il tuo immobile e acquistando uno o più immobili scontati.
- SEGRETO n. 18: guadagna in immobili a costo zero permutando il tuo immobile con un altro che ne vale di più.
- SEGRETO n. 19: guadagna in immobili a costo zero chiedendo un mutuo liquidità e acquistando un immobile.
- SEGRETO n. 20: guadagna in immobili a costo zero facendo un *lease back* e acquistando un immobile.
- SEGRETO n. 21: quando non hai soldi ma hai almeno un immobile per guadagnare in immobili a costo zero devi utilizzare il tuo patrimonio come una leva finanziaria.

Conclusione

Siamo giunti alla conclusione dell'ebook. Cosa possiamo dire? Che leggendolo hai finalmente imparato come guadagnare in immobili a costo zero, anche se non hai soldi e immobili a disposizione.

Inoltre hai imparato molte altre cose: rileggilo attentamente per assimilare ancora meglio i suoi contenuti e poi metti in pratica questi preziosi insegnamenti.

Tuttavia tieni presente che i metodi qui descritti non sono automatici. Nella vita, infatti, nulla è automatico. Ciò significa che affinché tu possa ottenere dei risultati e, quindi, guadagnare, devi impegnarti a fondo nel mettere in pratica quanto ti ho appena rivelato.

All'inizio incontrerai delle difficoltà, anzi, incontrerai sempre delle difficoltà, ma più passa il tempo, e diventi quindi più esperto (e più ricco), più sarai in grado di gestirle al meglio e superarle.

Con il passare del tempo non le considererai più delle difficoltà ma, anzi, a volte vere e proprie opportunità. Anche se in questo momento questa affermazione può sembrarti strana, quando vivrai la situazione ti ricorderai certamente di questa mia frase e dirai: «Giacomo aveva ragione!»

In ogni caso, ricorda che potrai davvero raggiungere i risultati sperati soltanto se ci metterai impegno e determinazione e se metterai in campo le giuste strategie.

Oltre a questo, ricorda che per la tua carriera da immobiliarista è fondamentale formarti e apprendere sempre cose nuove. Per fare ciò, puoi consultare il nostro sito http://www.borsaeimmobili.com che contiene tantissimo materiale formativo (anche gratuito) specialmente per quanto riguarda il campo degli immobili e della borsa. Nel sito troverai articoli, libri, pacchetti operativi, videocorsi e tanto altro ancora, alcuni gratuiti e altri a pagamento.

Ti ricordo, inoltre, che dal mio sito puoi scaricare, lo straordinario "Pack dell'Immobiliarista", il "Pack degli Affitti Immobiliari" e il "Pack del Procacciatore d'affari immobiliari", pacchetti operativi "chiavi in mano" che contengono tutti gli strumenti professionali per guadagnare in immobili anche se non hai soldi, gli stessi che utilizzano al giorno d'oggi i più grandi immobiliaristi.

Prima di salutarti calorosamente voglio segnalarti la mia pagina su Facebook. Potrai contattarmi quando vuoi e io risponderò a tutte le domande che vorrai pormi sul meraviglioso mondo degli immobili:

È stato un piacere intraprendere questo percorso con te. Spero, inoltre, che per te tutto ciò sia solo l'inizio di un lungo e proficuo cammino che ti regalerà tantissime soddisfazioni personali, sociali ed economiche, facendoti raggiungere la libertà finanziaria prima e la ricchezza poi.

Grazie dell'attenzione, spero di avere presto notizie dei tuoi successi. W gli immobili!

Giacomo De Carlo

www.ingramcontent.com/pod-product-compliance
Ingram Content Group UK Ltd.
Pitfield, Milton Keynes, MK11 3LW, UK
UKHW022009190726
13853UKWH00004B/1842